VÍCTOR MANUEL FERNÁNDEZ

# NOVENA
# PARA TORNAR-SE
# MAIS FORTE

EDITORA
SANTUÁRIO

Tradução: Fr. Rogério Gomes, C.Ss.R
Copidesque: Elizabeth dos Santos Reis
Diagramação: Simone A. Ramos de Godoy
Projeto gráfico: Marco Antônio Santos Reis
Capa: Bruno Olivoto

Título original: *Novena para hacerse más fuerte*
© Ediciones Dabar, S.A. de C.V., México, 2002
ISBN 970-652-268-9

ISBN 85-7200-935-3
1ª edição: 2004

A marca FSC® é a garantia de que a madeira utilizada na fabricação do papel deste livro provém de florestas que foram gerenciadas de maneira ambientalmente correta, socialmente justa e economicamente viável.

7ª impressão

Todos os direitos reservados à **EDITORA SANTUÁRIO** – 2017

 Rua Pe. Claro Monteiro, 342 – 12570-000 – Aparecida-SP
Tel.: 12 3104-2000 – Televendas: 0800 - 16 00 04
www.editorasantuario.com.br
vendas@editorasantuario.com.br

Hoje em dia muitas pessoas se sentem frágeis. Custa-lhes enfrentar os desafios da vida. Elas têm medo dos outros e do futuro. Por isso, esta novena busca fortalecer o coração, pedindo a Deus essa força durante nove dias. Além disso, para cada dia, propõe um tema diferente que nos motiva a nos sentir mais seguros no caminho da vida.

## Primeiro dia

# Cerca-me com teu poder infinito, tu que tudo criaste

### 1. Sinal da Cruz

### 2. Invocação

*Vem, Espírito Santo, porque, às vezes, percebo-me frágil em meu corpo e em meu interior e sinto que qualquer pessoa ou qualquer coisa pode me causar o mal. Eu sei que estás comigo, todavia necessito que enchas com teu imenso poder todo o meu ser. Com tua potência infinita criaste o universo e por isso te peço que me ajudes a descobrir esse poder divino que me rodeia, me protege e fortalece.*

### 3. Texto bíblico

"Onde estavas tu, quando eu criava a terra? Indica-o se sabes a verdade. Quem fixou suas medidas... entre o clamor ao coro das estrelas d'alva e as aclamações dos anjos? Quem encerrou o mar em seus limites quando do seio materno saía borbulhando? Tens mandado, uma vez em tua vida, a manhã...? Te obedecem aos relâmpagos? Acaso, por ordem tua, levantam-se as águias e colocam seu ninho nas alturas?" (Jó 38,4-5.7-8.12.35; 39,27).

### 4. Meditação

Se eu pudesse sobrevoar ao redor da terra, me admiraria diante da grandiosidade dos oceanos, da imensidade das montanhas, da variedade das criaturas que vivem neste amplo planeta. Tudo isso é obra do poder de Deus. É bom olhar para cima, contemplar o céu e imaginar o infinito. Nesse espaço tão vasto, embora eu não o veja, há milhares e milhares de planetas como a terra, milhares de estrelas maiores que o sol. Tudo isso procede do vigor de Deus. Todo o universo é uma explosão de seu infinito amor. E se toda essa maravilha segue existindo, é porque o poder de Deus está ali, no íntimo de cada coisa, fazendo-a existir. Esse mesmo poder é o que neste momento me está dando vida, porque ele ama meu ser.

Por isso eu, que às vezes me sinto débil, invoco a Deus infinitamente poderoso, peço-lhe que me proteja com sua força, para que nenhum mal me alcance, e lhe rogo que encha meu ser com seu poder para me fazer firme, forte e seguro.

## 5. Pai-Nosso e Ave-Maria

### 6. Oração final

*Senhor, sou tua pequena criatura. Existo porque tu quiseste dar-me a vida. Hoje, quero te pedir que derrames ainda mais teu poder em todo o meu ser, em meu corpo e em minha vida interior. Fortalece-me. Ajuda-me a caminhar, sabendo que estou rodeado e sustentado por tua presença poderosa. Confio em ti, Senhor; lanço-me em teus fortes braços e em ti coloco toda a minha confiança. Amém.*

### Segundo dia

# Faço-te presente no instante de minha concepção

## 1. Sinal da Cruz

## 2. Invocação

*Vem, Espírito Santo e faze-te presente no preciso momento em que eu fui concebido. Sopra com teu poder e enche de vida esse instante. Toca-me e derrama toda a tua potência no seio de minha mãe. Penetra com tua benção o momento em que comecei a existir, enche-me de vida e ensina-me a amar minha vida como tu a amas.*

## 3. Texto bíblico

"Tu formaste meus rins, me tecestes no ventre de minha mãe. Eu te dou graças por tanta maravilha! Prodígio sou; portentosas são tuas obras. Tu conhecias a profundidade de meu ser, não se ocultavam a ti meus ossinhos quando eu me formava em segredo... Teus olhos viam meu embrião" (Sl 139,13-16a).

## 4. Meditação

Não existo por acaso. Não estou vivo por simples razão. Existo porque Deus quis dar-me a vida e desde toda a eternidade pensou em mim. E, como Ele vê tudo com sua inteligência infinita, pode pensar em mim como se eu fosse a única criatura do universo. Assim, pensou em mim no momento em que me deu a vida no ventre de minha mãe. No preciso momento em que meu pai e minha mãe se amavam e, sem que eles o soubessem, Ele estava cumprindo com seu plano, e com seu sopro esplêndido me criou. Por isso eu posso caminhar seguro, com um sentimento de dignidade pessoal. Não importa como os outros me veem, o que pensam e o que dizem de mim. O que importa é que eu existo, porque sou amado por Deus, pois estou em seu plano divino e sou precioso a seus olhos.

## 5. Pai-Nosso e Ave-Maria

### 6. Oração final
*Senhor, obrigado por tua infinita ternura e porque decidiste da-me a vida. Não necessitavas de mim, mas por pura generosidade quiseste que eu existisse. Abençoa minha vida com teu olhar de carinho e ajuda-me a sentir a fortaleza de teu infinito amor. Amém.*

### Terceiro dia

# Ponho em tuas mãos meu futuro

**1. Sinal da Cruz**

**2. Invocação**

*Vem, Espírito Santo, e olha até o último minuto todos os dias que me restam a viver. Guia meus passos ao longo de toda a minha existência. Não quero estar só frente ao meu futuro; quero que tudo esteja seguro em tua santa presença; quero que me acompanhes e me protejas e que enfrentes comigo todas as dificuldades que se me apresentam a partir de hoje.*

**3. Texto bíblico**

"Põe tuas delícias em Javé e ele te dará aquilo que te pede teu coração. Põe tua sorte em Javé, confia nele que ele realizará. Fará brilhar tua justiça como a luz e teu direito será como o meio-dia. Vive em calma ante a Javé, espera nele" (Sl 37,4-7).

### 4. Meditação

Muitas vezes nos preocupamos e nos enchemos de medo pensando no futuro, no que podemos passar, nos problemas que se nos podem apresentar, ou nos surgem diferentes temores. Esquecemos que a melhor maneira de preparar o futuro é viver bem o presente. Se vivemos bem o que temos entre as mãos, isso nos faz fortes e nos amadurece para enfrentar qualquer desafio que possa surgir. Ao invés, se gastarmos nossas energias e pensamentos pensando no futuro, nos debilitamos e nos empobrecemos por dentro. Por isso, não há nada melhor que deixar o futuro nas mãos do Senhor e compartilhar com Ele no caminho de nossa vida, entregando-nos completamente àquilo que o Senhor nos permite viver no momento presente.

### 5. Pai-Nosso e Ave-Maria

### 6. Oração final

*Senhor, quero deixar em tuas mãos toda a minha vida. Tu sabes o que é melhor para mim e tu vês o que mais me convém. Por isso, coloco toda a minha confiança em teu amor, para que tu me guies ao longo de minha existência. Peço-te que me ilumines em todas as minhas decisões e em cada caminho que deva escolher. Amém.*

### Quarto dia

# Faço-te presente em minha intimidade perturbada

## 1. Sinal da Cruz

### 2. Invocação
*Vem, Espírito Santo, entra no profundo de meu coração; penetra em meu interior e cura toda sensação de debilidade, de temor, de fragilidade. Quero experimentar dentro de mim a firmeza que só tu me podes dar, quando reinas no coração humano.*

## 3. Texto bíblico
"Embora nosso ser exterior se vai desmoronando, o ser interior vai se renovando dia a dia... não coloquemos nossos olhos nas coisas visíveis, senão o invisível, porque as coisas visíveis são passageiras, porém as invisíveis são eternas" (2Cor 4, 16-18).

## 4. Meditação

Quando nos sentimos frágeis interiormente é simplesmente porque, às vezes, o corpo está fraco, ou porque nosso sistema nervoso necessita de minerais ou porque necessitamos descansar. Mas, outras vezes, estamos bem descansados, bem alimentados, não temos graves problemas e, sem dúvida, experimentamos uma fraqueza interior. Isto acontece porque nos fixamos demasiadamente em nós mesmos e em algumas coisas desta terra que são passageiras, que nunca nos darão segurança. Ou pode acontecer que estamos profundamente preocupados com perigos que não são tão reais. Por isso, para recuperar a fortaleza interior, é necessário dirigir os olhos ao Senhor e pedir-lhe que penetre nossa intimidade com seu poder, arranque essas preocupações sem sentido que nos causam dano e nos invada inteiramente com sua potência divina.

## 5. Pai-Nosso e Ave-Maria

### 6. Oração final

*Senhor, toma-me, reina em minha intimidade, enche-me de tua glória. Tira toda escuridão com tua luz e coloca esperança em lugar de meus temores; enche-me de alegria e destrua minha tristeza. Dá-me a graça de perceber tua força dentro de mim para não temer pelo que possam fazer ou dizer os outros e para não me sentir frágil frente às coisas que me acontecem. Amém.*

### Quinto dia

# Tu és minha rocha, em ti coloco minhas preocupações

1. Sinal da Cruz

> **2. Invocação**
> Vem, Espírito Santo, e ajuda-me a pôr em tua presença tudo o que me preocupa, me inquieta e perturba a minha paz. Tu sabes quais são minhas preocupações mais profundas, entretanto, hoje, quero te relatá-las, porque é melhor partilhá-las contigo do que enfrentá-las com minhas forças humanas. Escuta-me, Senhor, porque clamo a ti com toda a minha alma. A ti levanto meus braços e te rogo que me auxilies.

3. Texto bíblico

"Não se inquietem por nada. Em toda ocasião, apresentem a Deus seus pedidos, mediante a oração e a súplica, acompanhadas de ação de graças" (Fl 4,6).

### 4. Meditação

Quando pedimos ajuda ao Senhor e não encontramos alívio nem esperança, é porque na realidade não temos compartilhado com Ele o que na realidade nos está preocupando. Pedimo-lhe ajuda de uma forma genérica, mas não lhe contamos claramente quais são nossas preocupações, não dialogamos com Ele sobre as coisas concretas que nos inquietam. E, com Ele, podemos falar também daquelas coisas que não nos atrevemos a comentar com ninguém, coisas que muitas vezes pesam no nosso interior machucado. Mas é preciso que tenhamos com o Senhor esse diálogo sincero, para que verdadeiramente deixemos em suas mãos nossas preocupações e sintamos seu alívio.

### 5. Pai-Nosso e Ave-Maria

### 6. Oração final

*Senhor, quero compartilhar contigo tudo o que me preocupa: minha saúde, meu trabalho, meus entes queridos, minhas necessidades e tudo o que me perturba. Toma tudo isso e ocupa-te também comigo. Pois se tu o tomas, tudo termina bem, embora eu não saiba como. Ajuda-me, Senhor, dá-me tua força para poder enfrentá-lo tudo contigo. Amém.*

### Sexto dia

# Tudo o que necessito és tu

### 1. Sinal da Cruz

### 2. Invocação
*Vem, Espírito Santo, para que possa experimentar tua doçura, tua beleza, teu prazer. Dá-me a graça de ver que, embora tudo passe, o que nunca se acaba é teu amor, tua glória e tua paz. Ajuda-me a descobrir que me amas e que, se possuo a ti, posso superar toda dificuldade. Tu és o mais importante e o mais seguro, vida minha, meu amor.*

### 3. Texto bíblico
"A mim, que estou sempre contigo, pela mão direita me tens tomado... estando contigo, Senhor, já não me satisfaz a terra. Meu coração e minha carne se consomem. Rocha de meu

coração, minha porção, Deus para sempre!" (Sl 73,23.25-26).

### 4. Meditação

Quando persistimos em ter alguma coisa ou um plano que desejamos realizar ou nos desesperamos para não perder algo que nos fixamos demasiadamente, nunca poderemos nos sentir fortes e seguros. É belo entusiasmar-se com algo, no entanto, outra coisa é quando isso se converte no único sonho da vida. Pois tudo termina. Todas as coisas deste mundo são débeis. O único que não passa é Deus. Por isso, o que dele se enamora nunca perde a paz, porque sempre o tem e sempre o terá. Ele é eterno. Seu amor não se desgasta, sua beleza não diminui e nos espera sempre com uma infinita misericórdia. Gozar de sua amizade é tê-lo todo. Ele é o importante.

### 5. Pai-Nosso e Ave-Maria

### 6. Oração final

*Deus meu, não deixes que me feche em meus problemas, não permitas que me afunde em minhas angústias. Dá-me a graça de levantar meus olhos para te ver, para adorar tua formosura, para me deleitar em ti. Porque, possuindo a ti, tudo o mais é pequeno. Ajuda-me a deleitar em tua amizade, a me encher de tua alegria em teus braços. Porque assim minha vida se sente salva. Amém.*

### Sétimo dia

# Com a força do Ressuscitado

### 1. Sinal da Cruz

### 2. Invocação
*Vem, Espírito Santo, e ajuda-me a descobrir a Jesus ressuscitado, a vê-lo glorioso, cheio de vida, repleto de força e revestido de luz celestial. Dá-me a graça de admirá-lo, de desejá-lo e de buscá-lo. Que Ele tome minha vida com a força de sua ressurreição.*

### 3. Texto bíblico

"Sua cabeça e seus cabelos são brancos como a lã branca, como a neve; seus olhos como chamas de fogo, seus pés parecem metal precioso... e seu rosto é como o sol quando brilha com toda a sua força... Ele pôs sua mão direita sobre mim dizendo: 'não temas, eu sou o primeiro e o último, o que vive. Estive morto, mas agora vivo para sempre'" (Ap 1,14-17).

### 4. Meditação

É maravilhoso parar para contemplar a Jesus ressuscitado e recordar que nosso Senhor está vivo, cheio de glória, eternamente belo e feliz. Ele triunfou sobre todos os poderes do mal e venceu a morte. Isso dá segurança a minha vida, porque descubro que, se Ele vive, posso ter sempre uma esperança. Ele é capaz de atuar em minha vida e encher-me de sua plenitude. E por isso, posso invocá-lo com fé sabendo que Ele escuta: "Vem, Senhor Jesus!"

### 5. Pai-Nosso e Ave-Maria

### 6. Oração final
*Senhor Jesus, derrama em todo o meu ser um pouco desta vida plena que tu tens. Penetra todo o*

*meu ser e cerca-me com essa glória maravilhosa de tua ressurreição. Enche meu coração dessa segurança que só tu podes dar. Fascina-me com tua luz esplêndida para que não me dominem as obscuridades deste mundo. Amém.*

## Oitavo dia

# A coragem do Espírito

### 1. Sinal da Cruz

### 2. Invocação
*Vem, Espírito Santo. Tu, que és como um vento divino, dá-me a graça de superar toda timidez e toda covardia perante a vida. Enche-me de teu impulso, de tua bravura, de teu santo estímulo. Ajuda-me a viver com vontade cada dia, com uma nova esperança.*

### 3. Texto bíblico
"Eles elevaram sua voz a Deus e disseram: 'agora, Senhor, olhe como nos ameaçam e conceda a teus servos pregar a tua Palavra com toda a bravura...' Acabada a oração, estremeceu o lugar onde estavam reunidos e todos ficaram cheios do Espírito Santo e pregavam a palavra de Deus com coragem" (At 4,24.29-31).

## 4. Meditação

Quando o Espírito Santo entra em nosso coração, não nos deixa adormecidos, quietos e inativos. Ele sempre nos mobiliza, nos impulsiona a seguir adiante, a lutar e a enfrentar as dificuldades com confiança. Por isso, quando nos sentimos cansados, desiludidos, temerosos, é bom invocar ao Espírito Santo para que ele nos tire da apatia e do fechamento, para que nos encha desse dinamismo divino e possamos nos sentir mais vivos.

## 5. Pai-Nosso e Ave-Maria

### 6. Oração final

*Senhor, derrama teu Espírito em meu coração e enche-o de seu estímulo e de seu entusiasmo. Tu sabes que, às vezes, fico ancorado no passado ou me fecho em minhas comodidades e tenho medo dos desafios. Por isso, rogo que me enchas do Espírito Santo para queimar com seu fogo toda covardia, toda melancolia e todo cansaço. Que teu Espírito Santo entre em mim como uma rajada de vida e me lance à aventura de cada dia. Amém.*

## Nono dia

# Um Pai que dos males tira algo bom

### 1. Sinal da Cruz

### 2. Invocação
*Vem, Espírito Santo, e ensina-me a descobrir que meus sofrimentos não são necessários e algumas renúncias fazem bem a minha vida. Ajuda-me a ver que tudo o que me parece negativo é como uma semente de coisas boas.*

### 3. Texto bíblico
"Sabemos que em todas as coisas Deus intervém para o bem dos que ele ama" (Rm 8,28).

### 4. Meditação
Nós, crentes, sabemos que Deus guia nossa vida e que, se nós nos entregarmos a Ele com

amor, tudo o que nos acontecer terminará em algo bom, porque Deus tem poder também para tirar algo bom de coisas más que nos acontecem. Por isso, ainda quando estamos na profunda dor, podemos nos sentir firmes e ter a esperança de que algo bom sucederá. Deus vai abençoar minha dor e a fará produzir algum fruto positivo.

### 5. Pai-Nosso e Ave-Maria

### 6. Oração final

*Senhor, tu és todo-poderoso e dos males que tenho que suportar podes produzir algo bom para a minha vida. Quero confiar em teu amor e em tua bondade. Faço-me forte em meio à angústia e te ofereço todos os meus momentos difíceis, porque dali sairá uma nova luz para a minha vida. Amém.*

# Índice

*Primeiro dia*
Cerca-me com teu poder infinito,
tu que tudo criaste ......................................... 4

*Segundo dia*
Faço-te presente no instante
de minha concepção ...................................... 7

*Terceiro dia*
Ponho em tuas mãos meu futuro .................. 10

*Quarto dia*
Faço-te presente em minha
intimidade perturbada ................................... 13

*Quinto dia*
Tu és minha rocha, em ti coloco
minhas preocupações ..................................... 16

*Sexto dia*
Tudo o que necessito és tu ............................ 19

*Sétimo dia*
Com a força do Ressuscitado ....................... 22

*Oitavo dia*
A coragem do Espírito ................................ 25

*Nono dia*
Um Pai que dos males tira algo bom ............ 28